El universo a mi favor

El universo a mi favor

DIARIO DE GRATITUD Y ABUNDANCIA

Papel certificado por el Forest Stewardship Council®

MIXTO
Papel | Apoyando la
silvicultura responsable
FSC® C117695

Penguin
Random House
Grupo Editorial

Primera edición: noviembre de 2023

© 2023, Penguin Random House Grupo Editorial, S. A. U. /
Cristina Martínez y Berta Martín, por el texto
Travessera de Gràcia, 47-49. 08021 Barcelona
Imágenes de interior: iStock
Diseño de cubierta: Penguin Random House Grupo Editorial / Lourdes Bigorra

Printed in Spain – Impreso en España

ISBN: 978-84-02-42893-6
Depósito legal: B-15.727-2023

Compuesto en redoble.studio
Impreso en Gómez Aparicio, S. L.
Casarrubuelos (Madrid)

BG 2 8 9 3 6

¿POR QUÉ DEBERÍAS USAR ESTE DIARIO?

Llevar un diario puede ser útil para aclarar la mente, tranquilizar los pensamientos que nos abruman, aportarnos paz y dejar de lado sentimientos negativos que nos generan desasosiego o ansiedad.

Un **diario de gratitud**, en concreto, sirve para ser más conscientes de todo lo bueno que hay en nuestra vida. Nos ayuda a valorar nuestros logros y aquello que hemos conseguido, además de servirnos para ver los aspectos que queremos mejorar y seguir trabajando en ellos.

Las personas que agradecen son más felices. Seguirán pasando cosas buenas y malas, y eso no lo podrás evitar, pero si eliges en qué te fijas y en qué enfocas tu energía, estarás tomando las riendas de tu vida. Estarás optando por no prestar especial atención a lo malo, sino centrarte en todo lo bueno, que es más de lo que pensamos.

SI ERES CONSTANTE, NOTARÁS QUE POCO A POCO TE SERÁ MÁS FÁCIL VER LAS COSAS DE OTRA MANERA.

Además, desde la gratitud, visualizarás claramente hacia dónde dirigirte. Y aquí entra en juego la segunda parte de este diario: cuando sepas qué quieres, es el momento de pedírselo al universo, manifestarlo. La ley de la atracción nos dice que debemos enfocar los pensamientos en lo que deseamos, visualizar los objetivos como si ya los hubiéramos obtenido y tener el corazón y la mente abiertos para recibirlos.

La gratitud y la manifestación van de la mano. Ser agradecido es una parte clave del proceso de manifestar, ya que nos ayuda a mantener una actitud abierta y positiva, sin dejar que los contratiempos nos alejen de nuestras metas. La gratitud nos ayuda a relativizar y a canalizar nuestra energía hacia lo que es importante. Valorar los detalles y romantizar nuestra vida nos hace darnos cuenta de lo especial y maravilloso que puede ser vivir. Trabaja por tus sueños y cumple todo aquello que te propongas.

CÓMO SE MANIFIESTA

MANIFESTAR consiste en usar tus pensamientos para atraer aquello que quieres en tu vida. Tus pensamientos se convierten en el medio para convertir tus deseos en realidad.

Para manifestar tienes que dar por sentado que ya tienes todas las cosas que deseas. No deberías decir: «Quiero este coche», sino: «Tengo este coche» o «Este coche ya es mío». De esta manera, transformas tu diálogo interno y creas una nueva realidad donde **todo aquello con lo que sueñas no es un mero sueño, sino una realidad plausible**.

Puedes manifestar cualquier cosa con la que sueñes, desde objetos materiales hasta un nuevo trabajo, pasando por nuevas relaciones, salud o dinero. Todo lo que puedas imaginar para ti, puedes manifestarlo.

Uno puede manifestar de maneras muy diferentes. En este diario te iremos proponiendo ejercicios semanales para ayudarte a concretar las manifestaciones, pero también puedes repetirlo en voz alta o escribirlo en una libreta aparte. A medida que vayas integrando esta práctica en tu día a día, irás descubriendo cuál o cuáles son los mejores momentos del día en los que practicar la manifestación. Es bastante habitual hacerlo por la noche, antes de acostarnos, ya que nuestros últimos pensamientos antes de dormir quedan grabados en el subconsciente.

A la hora de manifestar, es importante tener claras algunas premisas:

* Confía en que tienes el poder de cambiar tu realidad.
* Ten claros tus objetivos y por qué quieres lo que quieres.
* Intenta ser lo más específica posible.
* La repetición es clave.
* Mantén la mente y el corazón abiertos a lo que está por llegar. No tengas miedo.
* Agradece.
* Aleja los pensamientos negativos y no desesperes. Sigue confiando.

USOS DEL DIARIO

Cada semana podrás organizarte, marcarte unos objetivos, agradecer todo lo bueno que ya tienes en tu vida y manifestar tus deseos para convertirte en tu mejor versión.

Además de eso, semanalmente encontrarás unos ejercicios o preguntas sobre las que reflexionar —lo que se conoce como *journal prompts*—, que te servirán para ir tomando el hábito de conectar contigo misma. Si hay varias preguntas, puedes completarlas el mismo día o ir rellenándolas poco a poco.

Al ser un diario atemporal, encontrarás 52 semanas, el equivalente a un año, divididas en meses aproximados. Puedes empezarlo en cualquier momento y seguir el orden establecido de las semanas, o rellenar las páginas de manera salteada, ¡lo que tú prefieras!

Cuando termines este diario, dispondrás de multitud de herramientas para poder crear tu propio diario de gratitud y abundancia y habrás consolidado el hábito de llevar un diario o practicar el *journaling*. Además, habrás descubierto numerosos recursos que podrás usar según tus necesidades o deseos en cada momento, y siempre que lo necesites podrás volver sobre aquellas cosas que mejor te hayan funcionado.

Después de un año de *journaling*, serás consciente de tu progreso y estarás mucho más cerca de ser la mejor versión de ti misma. Recuerda que el progreso no siempre es lineal y que todo lo que haces, por pequeño que parezca, suma. Siéntete orgullosa de tus avances y no te sientas culpable si algunas veces tienes la impresión de que retrocedes. Mereces todo lo bueno que deseas y ya cuentas con todo lo necesario para conseguirlo. Mantén la mente y el corazón abiertos a las oportunidades y sé amable contigo misma. Con el tiempo empezarás a notar los resultados.

¡BIENVENIDA A ESTE DIARIO DE GRATITUD Y ABUNDANCIA!
No olvides que el universo siempre está a tu favor.

OBJETIVOS ANUALES

Escribe aquí los objetivos que quieres alcanzar durante este año mes a mes.

Enero	Febrero	Marzo
Abril	Mayo	Junio
Julio	Agosto	Septiembre
Octubre	Noviembre	Diciembre

Notas

RUEDA DE LA VIDA

La rueda de la vida es una herramienta que te permite hacer un repaso sobre el estado de diferentes áreas de tu vida y visualizar el balance entre unas y otras. Te proponemos algunas áreas, y tú puedes rellenarlas puntuando del 1 al 10.

LO IMPORTANTE ES SER CONSCIENTE DE POR QUÉ HACEMOS CADA COSA E IR REVISANDO LA CORRELACIÓN ENTRE NUESTROS ESFUERZOS Y NUESTROS DESEOS PARA ALINEARNOS CON NOSOTRAS MISMAS.

✦ ✹ ✦

OBJETIVOS VITALES

La vida se divide en muchas áreas diferentes. No siempre estarán todas equilibradas, es normal. Quizá haya áreas de tu vida con las que ya te sientas bastante satisfecha, y es posible que haya otras en las que quieras mejorar. Haz un repaso y márcate unos objetivos vitales:

Área	Qué funciona	Qué necesito mejorar	Objetivos
SALUD			
FAMILIA			
AMIGOS			
PAREJA			
ESTUDIOS			
TRABAJO			
FINANZAS			
EJERCICIO			
DESCANSO			

SUEÑOS

Una de las premisas fundamentales de la manifestación es la visualización. Ya irás viendo en este diario la importancia de imaginar que **ya tienes** aquello que deseas para que tu cerebro lo asuma como posible. Visualiza a tu yo del futuro. ¿Qué has logrado? ¿Cómo es tu vida ideal?

Relaciones

Salud

Familia

Trabajo

Espiritualidad

Estudios

Viajes

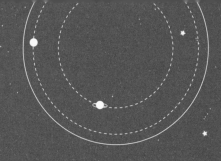

RUTINAS

Crea tu propia rutina diaria

Si buscas ser constante con tus objetivos, te invitamos a que aproveches las diferentes propuestas del libro para ir descubriendo qué método de organización es el que mejor te funciona.

Para planificar una rutina diaria, la clave es reflexionar acerca de tus necesidades y objetivos, y marcarte unas pautas realistas para cumplir tus expectativas del día. Aquí te proponemos una *checklist* con algunas ideas. Señala las que te propones trabajar y más abajo encontrarás espacio para añadir las que tú prefieras. Crear hábitos saludables es importante para sentirte bien contigo misma, y poco a poco vas a ver que, con constancia, alcanzarás tus objetivos.

Recuerda que cada cosa que haces ya está sumando. Sin dejar de ser exigente contigo misma y tus metas, ya que la disciplina también es importante.

¡RECUERDA QUE EL DÍA TIENE 24 HORAS!
No quieras abarcarlo todo. Poco a poco, día por día.

* madrugar más
* no mirar el móvil nada más despertarte
* beber agua en ayunas
* hacer ejercicio / estiramientos antes de comenzar el día
* desayunar
* meditar
* planificar el día que tienes por delante
* revisar el correo electrónico
* ...

HOJA DE RUTA

Objetivos vitales	En cinco años	Objetivos diarios
Ej.: *Escribir una novela.*	*Haber completado el manuscrito.*	*Escribir al menos dos veces por semana.*
ESTUDIOS		
DESARROLLO PROFESIONAL		
FINANZAS		
FAMILIA		
AMIGOS		
PAREJA		
VIDA PERSONAL		

PENSAMIENTOS LIMITANTES

A menudo nos ponemos trabas a nosotras mismas por tomar como ciertos algunos pensamientos que nos limitan. Pensar cosas como «no soy capaz» o «se me da mal» hace que, antes de siquiera comenzar una cosa, ya sintamos que estamos fracasando.

Una de las claves de la manifestación es el mantra «atraes lo que proyectas». Esto es, si crees que eres capaz de aprender a bailar salsa, por ejemplo, ya estás un paso más cerca de conseguirlo y, además, estarás más predispuesta a seguir intentándolo. Si de entrada crees que no serás capaz y das pie a pensamientos como: «no sé bailar»; «no soy capaz de seguir el ritmo»; «me siento ridícula cuando bailo», etc., estás alimentando esos pensamientos limitantes que te impedirán avanzar, probar cosas nuevas y convertirte en una mejor versión de ti misma.

Con este ejercicio, la idea es transformar los pensamientos limitantes en nuevos pensamientos más liberadores. Tampoco se trata de ser positiva en exceso, ya que eso podría llevarte a frustraciones si las cosas no van como esperas. Pero, cada vez que sientas que te estás poniendo la zancadilla a ti misma, intenta darle una vuelta a ese pensamiento y confía en ti.

Para identificar y reformular los pensamientos limitantes, puedes hacerte estas preguntas:
- ¿Qué pensamiento me está impidiendo avanzar?
- ¿De dónde viene este pensamiento?
- ¿Por qué este pensamiento me limita?
- ¿Cómo puedo transformarlo en un pensamiento potenciador, que me ayude a avanzar?

PENSAMIENTO LIMITANTE		PENSAMIENTO POTENCIADOR
Ej.: *No sé bailar, nunca se me ha dado bien.*	~	*Puedo aprender a bailar, tengo las capacidades y la actitud para lograrlo.*
	~	
	~	
	~	
	~	
	~	

CARTA A MI FUTURA YO

Como ya has ido viendo en las páginas precedentes, este diario se centra en el progreso a través de la constancia. Cuando acabes el libro, verás un cambio en tu vida y en tu manera de pensar. Además, serás consciente de todo lo que has avanzado, de los objetivos que te marcaste y has cumplido.

Te proponemos que escribas una carta a tu futura yo, en que le cuentes cómo te gustaría que fuera y le agradezcas que te sirva de inspiración. Cuando vuelvas a mirarla, dentro de un año, reflexiona sobre todo lo que ha cambiado.

¡Enhorabuena por tu progreso!

¡Estás lista para empezar!

El universo está de mi parte

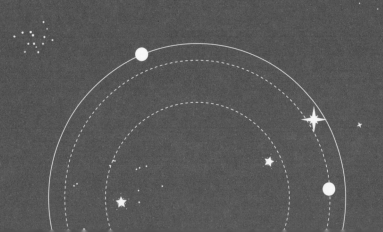

MES 1

TABLERO DE VISUALIZACIÓN

Un tablero de visualización o *vision board* es un collage de fotos, frases, recortes, capturas de pantalla, ideas o todo aquello que se te ocurra, que representan lo que quieres atraer a tu vida. Sirve de inspiración para poder proyectar todo aquello que deseas: desde una actitud a una meta, un estilo de imagen personal, una estética...

Cada mes te proponemos un espacio donde volcar estas imágenes ideales. Puedes imprimir fotos, usar recortes de revistas, hacer tus propios dibujos o escribir frases con colores. ¡No hay límites para crear tu vida soñada!

Aquí te dejamos algunas ideas para que construyas tu primer tablero de visualización sobre este diario, pero siéntete libre de llenarlo como mejor te parezca.

Foto

Foto

SEMANA 1 Del   al

Mis emociones 😄 🙂 😐 🙁 😟	Agua ◇ ◇ ◇ ◇ ◇ ◇
El tiempo ☁ 🌧 ○	LUNA L M X J V S D Fecha

Quiero manifestar:

1.

2.

3.

Para mí es importante:

Mis afirmaciones diarias para esta semana:

Visualizo lo que merezco:

Veo: Siento:

Mi plan de acción será: Para tener en cuenta:

Para la ansiedad

¿Qué te da paz? Apunta tres cosas que te hacen sentir bien.

1.

2.

3.

¿Qué te hace sentir angustia? Apunta las cosas que te causan desasosiego.

¿Cuáles son tus pensamientos negativos recurrentes?

Revísalos. ¿Cómo podrías transformar estos pensamientos en algo positivo?
Por ejemplo: *No soy suficiente. > Hago todo lo que está en mi mano. Me esfuerzo. Soy suficiente.*

SEMANA 2 Del   al

Mis emociones 😄 🙂 😐 🙁 ☹️   Agua ⬡ ⬡ ⬡ ⬡ ⬡ ⬡

El tiempo   ☁️ 🌧️ ⬡   **LUNA**   L M X J V S D
                                        Fecha

Mis planes para esta semana:

_____

_____

_____

Afirmaciones para esta semana:

_____

_____

Cosas importantes:

_____

_____

Cosas buenas que espero con entusiasmo:

_____

_____

Plan de acción:

_____

_____

_____

_____

El método 3-6-9

El método 3-6-9 consiste en visualizar lo que deseas y escribirlo en diferentes tandas: 3 veces por la mañana, 6 veces durante el día y 9 veces antes de acostarte.

Este número de repeticiones no es aleatorio. Está basado en la numerología y se cree que la vibración energética de estos números hace que sean ideales para manifestar tus objetivos y lograr desbloquear el universo a tu favor.

* El 3 representa la conexión con el universo y la autoexpresión creativa.
* El 6 representa la fuerza interior y la armonía.
* El 9 representa el renacimiento interior.

Para aplicar este método, puedes hacer lo siguiente:

* Escribe tu afirmación 3 veces, nada más despertarte. Antes de mirar el móvil o incluso antes de levantarte de la cama.

* Escribe tu afirmación 6 veces por la tarde. Intenta marcarte una rutina y hacerlo siempre a la misma hora. Quizá en la pausa de la comida o al acabar de trabajar. Mejor hazlo en un momento libre de interrupciones y distracciones, en el que puedes estar enfocada en ello. Mientras escribes tu deseo, visualízalo.

* Escribe tu afirmación 9 veces antes de acostarte. Visualiza tu meta. Así, tu mente guardará ese pensamiento, que permanecerá allí a lo largo de la noche, y se quedará grabado en tu inconsciente.

SEMANA 3 Del   al

Mis emociones 😀 🙂 😐 🙁 ☹️   **Agua** ⬡ ⬡ ⬡ ⬡ ⬡ ⬡

El tiempo ☁️ 🌧️ ○   **LUNA**   L M X J V S D   Fecha

Qué lograrás esta semana:

_____

Objetivos de esta semana:

_____

Cuáles son tus planes específicos para lograr tus objetivos:

_____

Prioridades de esta semana:

_____

Eventos importantes:

_____

Planifica tus objetivos de manifestación de:

Familia: Amigos:

_____

Amor: Trabajo:

_____

Trabajando en mis deseos

Esta semana nos centraremos en trabajar a fondo la visualización de aquello que deseamos. Es importante que uses siempre verbos en presente. Usa fórmulas como: «tengo», «atraigo» o «soy». No dejes espacio a la negatividad: no escribas frases negativas, ni cosas como «no puedo» o «no soy capaz».

Lo ideal es hablar en presente y evitar formular las frases en futuro. En vez de decir «conseguiré ser más positiva», formula la frase de otra manera: «soy positiva».

Escribe siempre con emoción y pasión.
Siente las emociones como si ya tuvieras lo que quieres.
Tienes que visualizarte a ti misma viviendo tu sueño.

Empieza por definir aquello que deseas:

_____

_____

Analiza y escribe tus motivos. ¿Por qué deseas lo que deseas? No olvides ser consciente siempre de que mereces todo aquello con lo que sueñas.

_____

_____

Visualiza cómo se siente tener aquello que deseas. **Es importante que imagines las sensaciones y los sentimientos que albergarás cuando hayas alcanzado tu meta.** Empieza a sentirlos como reales. Enfoca tu mente en eso. Ya estás allí.

_____

_____

SEMANA 4 Del   al

Mis emociones 😄 🙂 😐 🙁 ☹️   **Agua** ⬡⬡⬡⬡⬡⬡

El tiempo   ☁️ 🌧️ ○   **LUNA**   L M X J V S D
                                         Fecha

Pido al universo:

_____

Pensamientos limitantes de los que tengo que librarme:

_____

Afirmaciones diarias que me repito esta semana:

_____

Plan de acción:

_____

_____

Lista de tareas:

_____

_____

Visualizo:

Veo: Tengo:

Siento: Atraigo:

_____

Aprende a gestionar tus emociones

A veces, los pensamientos nos sobrepasan y la cabeza nos va a mil por hora. En esas ocasiones puedes probar a hacerte estas preguntas para intentar poner un poco de orden mental. Cuando no te sientas en tu centro, cómoda en ti misma, puedes probar a hacerte las siguientes preguntas:

¿Qué pensamientos me inundan y preocupan? ¿Cuándo empezaron?

¿Qué emociones estoy sintiendo? ¿He sentido esto alguna vez en el pasado?

Esto que estoy sintiendo, ¿está sucediendo ahora mismo o estoy adelantándome a los acontecimientos? **¿Mi preocupación está cumpliéndose o estoy dando por hecho o suponiendo cosas que aún no han sucedido?**

¿Hay algún motivo más profundo por el que me siento así? ¿Esta situación me conecta con alguna experiencia del pasado?

¿Qué puedo hacer para reducir la intensidad o la frecuencia de estos pensamientos? ¿Puedo llevar a cabo alguna acción?

En el futuro, **¿podría evitar de alguna manera que se disparen estos pensamientos?**

Recopila algunas ideas para evadirte de ellos. Cosas que te hacen sentir bien y que te podrían ayudar a volver a tu centro.

Reduce la hormona del estrés (el cortisol):

¡LIBÉRATE DEL ESTRÉS!

– LUZ AZUL
(PROCEDENTE DE PANTALLAS)
+ LUZ NATURAL
(VITAMINA D, SEROTONINA...)

RESPIRA PROFUNDAMENTE

HAZ ALGO DE EJERCICIO SUAVE

DUERME AL MENOS ENTRE 7 Y 9 HORAS

LIMITA EL CONSUMO DE CAFEÍNA

REDUCE LA INGESTA DE CARNE Y COME MÁS VERDURA

MES 2

○ ¿Cómo está yendo el día de hoy?	○ ¿De qué te enorgulleces?	○ Escribe a tu yo futura	○ Escribe a aquellos que amas	○ Escribe a tu yo pasada
○ Piensa en tus recuerdos más felices	○ Piensa en positivo	○ Escribe acerca de tus objetivos	○ Visualiza tu futuro	○ Piensa en un reto superado
○ ¿Qué te gusta más de ti misma?	○ Disfruta de un zumo natural	○ Piensa en un recuerdo de infancia	○ Recuerda un momento en que te sintieras segura	○ ¿Qué fue lo último que celebraste?
○ ¿Cuáles son tus cinco mejores cualidades?	○ Anota dos cosas de las que estés muy agradecida	○ ¿Cómo puedo mejorar en mi autocuidado?	○ ¿Dónde te ves en diez años?	○ Escribe acerca de alguien a quien admires
○ Escribe acerca de tu rutina diaria	○ ¿Cuál es tu cita preferida y por qué?	○ ¿Dónde estabas hace diez años?	○ ¿Qué desea tu corazón?	○ ¿Cómo sería tu día ideal?
○ Escribe acerca de tu lugar favorito	○ Comparte tus valores y por qué importan	○ Escribe acerca de cuándo te has sentido con confianza	○ Escribe una nota de agradecimiento a alguien	○ Escribe acerca de alguien que te inspira

TABLERO DE VISUALIZACIÓN

Foto

Foto

Foto

35

SEMANA 5 Del   al

Para no olvidar esta semana:

_____

Una frase motivacional que me acompañará esta semana:

_____

Lista de tareas:

_____

_____

Esta semana será especial por...

_____

_____

Completa este cuadro al final de la semana:

Tres cosas maravillosas que han pasado esta semana por las
que estoy agradecida:

_____

_____

¿Podría haber hecho algo para que la semana fuese aún
mejor? Sin culpa, simplemente con ánimo de seguir creciendo
y mejorar.

_____

_____

Una lección aprendida:

_____

_____

Atrae y desprende felicidad

¿Qué hace que tu mente sea un lugar feliz?

¿Qué cosas te hacen sentir bien? Piensa en tres cosas de tu vida que te hacen realmente feliz.

Si pudieras retroceder en el tiempo y volver a vivir una experiencia del pasado, ¿cuál sería?

¿Cuál es tu mayor motivación para levantarte cada mañana?

Si pudieras hacer una cosa, sin importar las limitaciones de dinero o de otro tipo, ¿cuál sería?

Piensa en una anécdota que siempre te pone de buen humor:

¿Qué tres cosas puedes hacer hoy por alguien querido?

Un lugar al que siempre te hace feliz volver:

SEMANA 6 Del   al

Mis emociones 😄 🙂 😐 🙁 ☹️   Agua ⬡ ⬡ ⬡ ⬡ ⬡ ⬡

El tiempo   ☁️ 🌧️ ○   **LUNA**   L M X J V S D
                                        Fecha

Quiero manifestar:

1. _____

2. _____

3. _____

Para mí es importante:

_____

_____

Mis afirmaciones diarias para esta semana:

_____

_____

Visualizo lo que merezco:

Veo: Siento:

_____   _____

_____   _____

Mi plan de acción será: Para tener en cuenta:

_____   _____

_____   _____

Mentalidad de crecimiento

¿Cómo están tu mentalidad y tu mente ahora mismo? ¿Y tu estado anímico?

¿En qué áreas de tu vida quieres crecer?

¿Qué puedes hacer para llegar a cumplir tus objetivos de crecimiento? Visualiza tus metas y establece un plan de acción.

¿Qué te impide crecer? ¿Qué te impide ser la persona en la que quieres convertirte?

No olvides estas premisas para seguir trabajando tu mentalidad de crecimiento:

EGO	YO SUPERIOR
La culpa de todo viene de fuera (mentalidad victimista)	Asume la responsabilidad de su vida y sus acciones
Se centra en lo que le falta (mentalidad de escasez)	Mentalidad de abundancia
Se centra en los errores	Se centra en los aprendizajes
Se queja por todo	Agradece y encuentra la felicidad en pequeñas cosas

¿Hay algo en tu manera de pensar que puedas cambiar?

SEMANA 7 Del   al

Pido al universo:

_____

Pensamientos limitantes de los que tengo que librarme:

_____

Afirmaciones diarias que me repito esta semana:

_____

Plan de acción:

_____

_____

_____

_____

Lista de tareas:

_____

_____

_____

_____

Visualizo:

Veo: Tengo:

Siento: Atraigo:

_____

Trabajo de sombra

«Nuestro trabajo con la sombra consiste en desenmascararla, cobrar conciencia de su existencia y reconocerla como propia, saber que todos contenemos dos polaridades que nos enfrentan con la vida».

CARL G. JUNG

Si queremos conectar con nuestra luz, debemos abrazar nuestra oscuridad.Tienes que visualizarte a ti misma viviendo tu sueño.

¿Qué te hace sentir insegura? ¿Por qué?

¿Cómo puedes honrarte y respetarte más?

¿Cuál crees que es tu mejor cualidad? ¿Y la peor? ¿Son «buenas» o son «malas»? ¿Por qué?

¿Qué cosas te producen celos?   ¿Qué te aleja de tu vida soñada?

¿Cómo manejas los cambios?   ¿Qué emociones intentas evitar?

¿Qué te gustaría que la gente supiera de ti?

¿Qué te resta energía? ¿Y qué te la da?

¿Qué te hace estar orgullosa de ti misma?

SEMANA 8 Del _____ al _____

Pido al universo:

_____

Pensamientos limitantes de los que tengo que librarme:

_____

Afirmaciones diarias que me repito esta semana:

_____

Plan de acción:

_____

_____

_____

Lista de tareas:

_____

_____

_____

Visualizo:

Veo: Tengo:

Siento: Atraigo:

Autoestima

Escribe cinco cosas que ames de ti:

¿De qué manera puedes manifestar tu amor propio?

¿Qué te hace sentir segura de ti misma?

¿Qué es lo que más te gusta de tu forma de ser?

¿Qué palabras amables te puedes decir hoy?

¿Cómo te gustaría que otros te describiesen?

¿Qué palabras te gustaría escuchar ahora mismo?

SEMANA 9 Del   al

Mis emociones	😄 🙂 😐 🙁 😣	Agua	💧 💧 💧 💧 💧 💧

El tiempo ☁️ 🌧️ ○   LUNA   L M X J V S D
                                Fecha

Mis planes para esta semana:

_____

_____

_____

Afirmaciones para esta semana:

_____

_____

Cosas importantes:

_____

_____

Cosas buenas que espero con entusiasmo:

_____

_____

Plan de acción:

_____

_____

_____

_____

Atrae dinero

¿Cuál es tu mentalidad actual con respecto del dinero?

¿Qué cantidad deseas atraer?

¿Qué te impide ganar lo que deseas?

¿Qué acciones puedes llevar a cabo para llegar a la cantidad que deseas?

Visualiza la cifra de dinero que te gustaría obtener.

Pide al universo que te ayude a conseguirla. Aquí tienes un cheque en blanco para que manifiestes tus deseos. ¡Ya es tuyo!

EL BANCO UNIVERSAL	FECHA:
PÁGUESE POR ESTE CHEQUE A:	€
ENTIDAD PAGADORA: EL UNIVERSO	
	Firma

Cosas que se escapan a mi control...

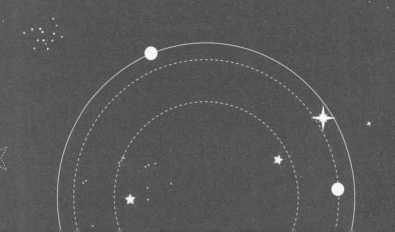

MES 3

_____

LAS ACCIONES DE LOS DEMÁS

EL RESULTADO DE MI ESFUERZO

EL PASADO

EL FUTURO

Cosas que puedo controlar

Mis pensamientos y mis acciones

A qué le dedico mi energía

Cómo me hablo a mí misma

Los objetivos que me marco

Cómo afronto los retos

Cómo empleo mi tiempo

LA OPINIÓN DE LOS DEMÁS

LO QUE HACEN LOS DEMÁS

LO QUE LA GENTE PIENSA DE MÍ

LO QUE SUCEDE

TABLERO DE VISUALIZACIÓN

Foto

Foto

Foto

SEMANA 10 Del   al

Para no olvidar esta semana:

_____

Una frase motivacional que me acompañará esta semana:

_____

Lista de tareas:

_____

_____

Esta semana será especial por...

_____

_____

Completa este cuadro al final de la semana:

Tres cosas maravillosas que han pasado esta semana por las que estoy agradecida:

_____

_____

¿Podría haber hecho algo para que la semana fuese aún mejor? Sin culpa, simplemente con ánimo de seguir creciendo y mejorar.

_____

_____

Una lección aprendida:

_____

_____

El método 55-5

1. ¿Qué quieres atraer? Piensa en un propósito específico. Empieza por algo pequeño la primera vez.

2. Escribe una afirmación positiva. Cuanto más corta y concisa, ¡mejor!

3. Escríbela 55 × 5: en un papel, o en las hojas del final, escríbela 55 veces seguidas durante 5 días consecutivos. ¡No falles!

4. No lo pienses más. Cada día, después de escribirla las 55 veces, no vuelvas a pensar en ello. Vive tu vida dando por hecho que ya está de camino o sucediendo.

5. Espera. Tu deseo se cumplirá pronto. Ten paciencia y mantén una actitud positiva. ¡No olvides expresar gratitud cuando lo recibas!

SEMANA 11 Del   al

Mis emociones 😄 🙂 😐 🙁 😢   Agua ⬭ ⬭ ⬭ ⬭ ⬭ ⬭

El tiempo ☁ 🌧 ○   LUNA   L M X J V S D
                                      Fecha

Mis planes para esta semana:

_____
_____
_____

Afirmaciones para esta semana:

_____
_____

Cosas importantes:

_____
_____

Cosas buenas que espero con entusiasmo:

_____
_____

Plan de acción:

_____
_____
_____
_____

Autorreflexión

Usa este ejercicio para reflexionar sobre ti misma. Dentro del iceberg, escribe o dibuja lo que te represente.

Esto es lo que se ve de mí en la superficie.

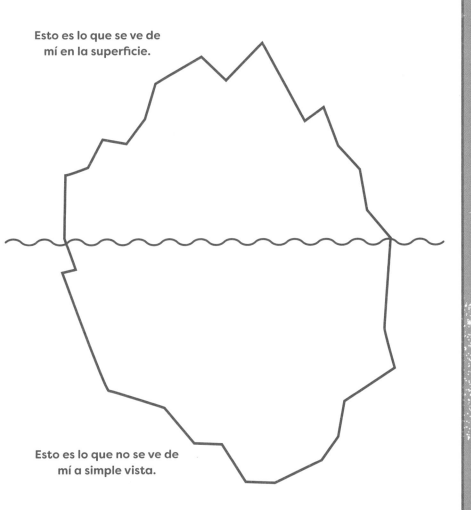

Esto es lo que no se ve de mí a simple vista.

SEMANA 12 Del   al

Mis emociones 😄 🙂 😐 🙁 ☹️   Agua ⬜⬜⬜⬜⬜⬜

El tiempo ☁️ 🌧️ ◯   LUNA   L M X J V S D
                                    Fecha

Quiero manifestar:

1. _____

2. _____

3. _____

Para mí es importante:

_____

_____

Mis afirmaciones diarias para esta semana:

_____

_____

Visualizo lo que merezco:

Veo: Siento:

_____   _____

_____   _____

Mi plan de acción será: Para tener en cuenta:

_____   _____

_____   _____

Tu niña interior

Escribe una carta a tu yo más joven. ¿Qué le dirías? Sé amable, recuerda que tu niña interior no tenía las herramientas de las que tú dispones ahora. Escribe después otra carta a tu yo del futuro. Cuando seas una persona mayor, ¿cuáles son las cosas importantes que te gustaría haber vivido? ¿Y qué cosas quizá no tenían tanta importancia como crees ahora? Imagínalo y conecta con tu yo futura.

SEMANA 13 Del   al

Para no olvidar esta semana:

_____

Una frase motivacional que me acompañará esta semana:

_____

Lista de tareas:

_____

_____

Esta semana será especial por...

_____

_____

Completa este cuadro al final de la semana:

Tres cosas maravillosas que han pasado esta semana por las que estoy agradecida:

_____

_____

¿Podría haber hecho algo para que la semana fuese aún mejor? Sin culpa, simplemente con ánimo de seguir creciendo y mejorar.

_____

_____

Una lección aprendida:

_____

_____

Sanando heridas de la infancia

¿Qué cosas te hacían feliz cuando eras pequeña?

¿Qué te calmaba cuando eras pequeña? ¿Qué te reconforta ahora?

¿Qué aprendiste sobre las emociones cuando eras pequeña? ¿Eran algo bueno? ¿O algo malo?

¿Qué emoción te cuesta expresar? ¿Qué hace que sea difícil para ti expresarla?

¿Qué necesitabas cuando eras pequeña y no pudiste tener?

¿Algo o alguien me hirió cuando era pequeña? ¿Qué necesito para sanar esa herida?

¿Puedo hacerlo yo sola?

Sal de la zona de confort

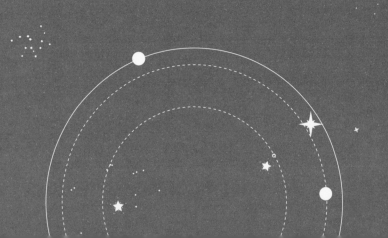

MES 4

Encuentro un propósito

Afronto los desafíos y problemas

Noto falta de confianza en mí misma

Vivo mis sueños

LA ZONA DE CONFORT   **ZONA DE MIEDO**   **ZONA DE APRENDIZAJE**   **ZONA DE CRECIMIENTO**

Me siento segura y con el control

Pongo excusas

Me veo afectada por las opiniones de los demás

Adquiero nuevas habilidades

Establezco nuevas metas

Se expande mi zona de confort

Conquisto mis objetivos

TABLERO DE VISUALIZACIÓN

Foto

Foto

Foto

SEMANA 14 Del   al

Pido al universo:

_____

Pensamientos limitantes de los que tengo que librarme:

_____

Afirmaciones diarias que me repito esta semana:

_____

Plan de acción:

_____

_____

_____

_____

Lista de tareas:

_____

_____

_____

_____

Visualizo:

Veo: Tengo:

Siento: Atraigo:

Paz mental

Mi estrés actual viene de:

Me siento en calma cuando:

Para relajarme, puedo:

Me siento exhausta cuando:

Puedo simplificar mi vida si:

Quiero trabajar en perdonar a:

Si cierro los ojos y respiro profundamente, veo:

SEMANA 15 Del   al

Mis emociones 😄 🙂 😐 🙁 ☹️   Agua ⬭ ⬭ ⬭ ⬭ ⬭ ⬭

El tiempo ☁️ 🌧️ ⬭   LUNA   L M X J V S D
                                Fecha

Mis planes para esta semana:

_____

_____

Afirmaciones para esta semana:

_____

_____

Cosas importantes:

_____

_____

Cosas buenas que espero con entusiasmo:

_____

_____

Plan de acción:

_____

_____

_____

_____

De vuelta a casa

Cuando no te sientas en tu centro, cómoda en ti misma, puedes probar a hacerte las siguientes preguntas:

¿Estoy dedicando tiempo al autocuidado últimamente?

¿Estoy durmiendo bien?

¿Estoy pasando tiempo con quien quiero?

¿Qué siento que necesito?

¿En qué estoy invirtiendo mi energía últimamente?

¿En qué me estoy centrando?

¿Cuándo fue la última vez que me sentí cómoda y feliz conmigo misma?

¿Cuándo fue la última vez que hice algo que me gusta?

SEMANA 16 Del   al

Para no olvidar esta semana:

_____

Una frase motivacional que me acompañará esta semana:

_____

Lista de tareas:

_____

_____

Esta semana será especial por...

_____

_____

Completa este cuadro al final de la semana:

Tres cosas maravillosas que han pasado esta semana por las que estoy agradecida:

_____

_____

¿Podría haber hecho algo para que la semana fuese aún mejor? Sin culpa, simplemente con ánimo de seguir creciendo y mejorar.

_____

_____

Una lección aprendida:

_____

_____

Sol de agradecimiento

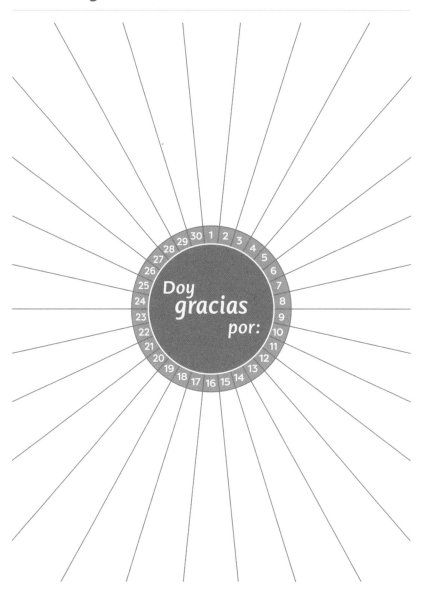

SEMANA 17 Del   al

Pido al universo:

_____

Pensamientos limitantes de los que tengo que librarme:

_____

Afirmaciones diarias que me repito esta semana:

_____

Plan de acción:

_____

_____

_____

_____

Lista de tareas:

_____

_____

_____

_____

Visualizo:

Veo: Tengo:

Siento: Atraigo:

Eleva tus vibraciones

Una persona con la que te irías siempre de aventura:

Una canción que te transporta a momentos felices:

Una comida que te recuerda a casa:

Un olor que te hace sentir segura:

Un viaje soñado:

Una cosa que crees ahora más que nunca:

«El progreso no es lineal».

Maria Montessori

MES 5 ....

TABLERO DE VISUALIZACIÓN

Foto

Foto

Foto

73

SEMANA 18 Del   al

Pido al universo:

_____

Pensamientos limitantes de los que tengo que librarme:

_____

Afirmaciones diarias que me repito esta semana:

_____

Plan de acción:

_____

_____

_____

_____

Lista de tareas:

_____

_____

_____

_____

Visualizo:

Veo:	Tengo:
Siento:	Atraigo:

Libera tus frustraciones

Libera tu mente de esos pensamientos negativos que has estado rumiando últimamente. Puedes guardar en este tarro las cosas que te han preocupado, o aquello que quizá te ha generado frustración. Una vez lo sueltes y lo guardes aquí dentro, te sentirás más ligera.

TARRO DE LAS PREOCUPACIONES

Ahora no olvides recordar cuáles son tus fortalezas:

Y de qué manera te ayudan a llegar a tus objetivos:

Galería de virtudes: ¡exponlas en estos marcos!

SEMANA 19 Del   al

Pido al universo:

Pensamientos limitantes de los que tengo que librarme:

Afirmaciones diarias que me repito esta semana:

Plan de acción:

Lista de tareas:

Visualizo:

Veo: Tengo:

Siento: Atraigo:

Manifestar abundancia

Agradezco: Hoy agradezco la oportunidad de un nuevo día.

Un deseo: Doy la bienvenida a la salud, al dinero, al éxito y al amor en mi vida.

Una afirmación: Soy próspera. Mis acciones me aportan felicidad y abundancia.

¡Ahora tú!

Agradezco:

Un deseo:

Una afirmación:

¿Cómo voy a conseguir lo que quiero?

Cosas buenas que YA tengo en mi vida:

1.
2.
3.

Primeros pasos que voy a dar:

1.
2.
3.

En _____ días/semanas/meses, habré conseguido:

1.
2.
3.

SEMANA 20 Del   al

Mis emociones 😄 🙂 😐 🙁 😣	Agua ⬡ ⬡ ⬡ ⬡ ⬡ ⬡
El tiempo ☁ 🌧 ○	LUNA L M X J V S D Fecha

Quiero manifestar:

1. _____

2. _____

3. _____

Para mí es importante:

_____

_____

Mis afirmaciones diarias para esta semana:

_____

_____

Visualizo lo que merezco:

Veo: Siento:

_____

_____

Mi plan de acción será: Para tener en cuenta:

_____

_____

Atracción

Haz un repaso de las cosas que has atraído a tu vida en otros momentos y de las cosas que quieres atraer en el futuro.
Úsalo como un referente visual para practicar afirmaciones positivas y manifestar las cosas que quieres conseguir en el futuro.

Cosas que ya he atraído a mi vida	Cosas que quiero atraer a mi vida

SEMANA 21 Del   al

Mis emociones   😄 😊 😐 🙁 ☹️   Agua ⬦ ⬦ ⬦ ⬦ ⬦ ⬦

El tiempo   ☁️ 🌧️ ◯   LUNA   L M X J V S D   Fecha

Mis planes para esta semana:

_____

_____

_____

Afirmaciones para esta semana:

_____

_____

Cosas importantes:

_____

_____

Cosas buenas que espero con entusiasmo:

_____

_____

Plan de acción:

_____

_____

_____

_____

Pon límites

Para conseguir tus objetivos y crecer como persona, es importante aprender también a poner límites. No siempre es fácil, pero, a medida que vayas estando más conectada contigo misma, con tus deseos, tus objetivos vitales y tus aspiraciones personales, profesionales o familiares, descubrirás cuáles son las cosas importantes para ti y las que debes priorizar.

Aquí tienes algunas afirmaciones que puedes recordarte cuando lo necesites:

* No contestaré al móvil cuando sienta que no tengo ganas o energía para mantener una conversación.
* Compartiré mis pensamientos cuando me sienta cómoda.
* Puedo apagar las notificaciones del teléfono si lo necesito.
* Puedo rechazar un plan y mis amigos no se sentirán ofendidos, lo entenderán.

Ayúdate de esta guía para conseguir trazar tus propios límites.

¿Cuál es la situación?	¿Cuál es mi límite?
Un comentario o la actitud de una persona que no me ha gustado.	Yo decido qué tolero y qué no. ¿Qué trato me gustaría recibir?

SEMANA 22 Del   al

Pido al universo:

_____

Pensamientos limitantes de los que tengo que librarme:

_____

Afirmaciones diarias que me repito esta semana:

_____

Plan de acción:

_____

_____

_____

_____

Lista de tareas:

_____

_____

_____

_____

Visualizo:

Veo: Tengo:

Siento: Atraigo:

Afirmaciones

Aprovecha esta página para trabajar las afirmaciones. Aquí te proponemos algunas. Escoge las que resuenen en ti y repítelas varias veces al día. Interiorízalas. Añade otras afirmaciones que quieras.

* Merezco conseguir lo que deseo (escribe tus deseos de manera concreta).
* Cada día trabajo para conseguir mis objetivos.
* Estoy un paso más cerca de conseguir mis objetivos.
* Soy trabajadora, soy resiliente, soy imparable.
* Soy digna del éxito, de abundancia y de cosas buenas.
* Cada dificultad a la que me enfrento me enseña cosas nuevas.
* El mundo está lleno de oportunidades para mí y el universo está a mi favor.

Mis afirmaciones:

1.

2.

3.

4.

5.

6.

7.

8.

9.

10.

11.

12.

13.

«Todo pasa y todo queda».

Antonio Machado

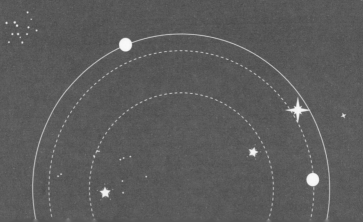

MES 6

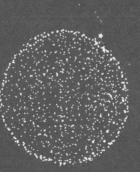

TABLERO DE VISUALIZACIÓN

Foto

Foto

Foto

SEMANA 23 Del   al

Para no olvidar esta semana:

_____

Una frase motivacional que me acompañará esta semana:

_____

Lista de tareas:

_____

_____

Esta semana será especial por...

_____

_____

Completa este cuadro al final de la semana:

Tres cosas maravillosas que han pasado esta semana por las
que estoy agradecida:

_____

_____

¿Podría haber hecho algo para que la semana fuese aún
mejor? Sin culpa, simplemente con ánimo de seguir creciendo
y mejorar.

_____

_____

Una lección aprendida:

_____

_____

Cada caída o herida me hace más fuerte

Todas las experiencias, incluidas las adversas, nos ofrecen un aprendizaje. La vida no siempre nos da lo que queremos, pero muchas veces nos da lo que necesitamos en ese instante, incluso cuando no somos conscientes de ello, y nos ayuda a avanzar en el camino. *De cada error se aprende una lección; tras la tormenta sale el sol.*

Aprovecha este espacio para mirar atrás y pensar en lo que te han aportado las vivencias pasadas que te han generado malestar, y reflexiona sobre cómo puedes poner en práctica aquello que te han enseñado. Porque siempre hay algo por lo que dar las gracias.

EXPERIENCIA PASADA:	QUÉ HE APRENDIDO:

SEMANA 24 Del   al

Mis emociones 😄 🙂 😐 🙁 😟   Agua ⬭⬭⬭⬭⬭⬭

El tiempo ☁ 🌧 ○   LUNA   L M X J V S D
                             Fecha

Quiero manifestar:

1.
2.
3.

Para mí es importante:

Mis afirmaciones diarias para esta semana:

Visualizo lo que merezco:

Veo: Siento:

Mi plan de acción será: Para tener en cuenta:

Enfréntate a tus miedos

El miedo es una emoción innata y primaria que muchas veces nos ayuda a salir adelante. Pero también puede limitarnos. Para evitarlo, es importante conocer nuestros miedos y encararlos. De esta manera, serás capaz de sobreponerte y descubrir tu verdadero potencial.

¿Cuál es mi mayor miedo?

¿Qué emociones suelen acompañar este miedo?

¿Qué es lo peor que me podría pasar si ese miedo se hiciera realidad?

¿Qué haría si no tuviera ese miedo?

SEMANA 25 Del   al

Mis emociones 😄 🙂 😐 🙁 😢   Agua ⬭ ⬭ ⬭ ⬭ ⬭ ⬭

El tiempo   ☁ 🌧 ○   LUNA   L M X J V S D
                                     Fecha

Mis planes para esta semana:

_____
_____
_____

Afirmaciones para esta semana:

_____
_____

Cosas importantes:

_____
_____

Cosas buenas que espero con entusiasmo:

_____
_____

Plan de acción:

_____
_____
_____
_____

Carta a alguien que ha estado siempre a tu lado

Ya sea un familiar, una pareja o un amigo, las personas que están a nuestro alrededor nos nutren, nos ayudan a crecer y nos acercan a la plenitud y abundancia que buscamos. Sin ellas, la vida no sería la misma. Sin embargo, dar las gracias a veces puede resultarnos muy difícil.

Escribe en esta página todo aquello por lo que quieras dar las gracias a esa persona que siempre ha estado a tu lado y que no te has atrevido a decírselo. Cuando acabes, respira, ármate de valor y comparte tu agradecimiento con ella.

SEMANA 26 Del   al

Para no olvidar esta semana:

_____

Una frase motivacional que me acompañará esta semana:

_____

Lista de tareas:

_____

_____

Esta semana será especial por...

_____

_____

Completa este cuadro al final de la semana:

Tres cosas maravillosas que han pasado esta semana por las
que estoy agradecida:

_____

_____

¿Podría haber hecho algo para que la semana fuese aún
mejor? Sin culpa, simplemente con ánimo de seguir creciendo
y mejorar.

_____

Una lección aprendida:

_____

_____

Un paseo para dar las gracias

Según Hipócrates, «caminar es la mejor medicina». No solo activa el metabolismo y ayuda a liberar endorfinas; también ofrece un momento de reconexión vital con nosotras mismas y con lo que nos rodea y una oportunidad para, simplemente, sentir.

Desconecta el móvil, busca un espacio tranquilo (idealmente, un entorno natural o un parque) y permítete estar en ese instante durante media hora. En silencio y presente. Disfruta de las vistas, los olores y los sonidos, respira profundamente y da espacio a cada pensamiento que llegue a tu mente. Lleva contigo este diario y, cuando termines, siéntate en silencio y reflexiona.

Cosas de las que he disfrutado en mi paseo:

_____

_____

_____

_____

Cosas que he descubierto sobre mí durante el paseo:

_____

_____

_____

_____

Cómo me he sentido durante el paseo:

_____

_____

_____

_____

SEMANA 27 Del   al

Pido al universo:
_____

Pensamientos limitantes de los que tengo que librarme:
_____

Afirmaciones diarias que me repito esta semana:
_____

Plan de acción:
_____
_____
_____
_____

Lista de tareas:
_____
_____
_____
_____

Visualizo:

Veo: Tengo:

Siento: Atraigo:

Alinéate con la naturaleza

Somos uno con la naturaleza que nos rodea. La tierra nos equilibra y nos acerca a nuestra esencia; nos invita a estar presentes y nos ayuda a conectar con nuestras emociones y sensaciones. No debemos dar por sentado todo lo que nos ofrece.

Elige una mañana libre de esta semana y visita un entorno natural desconocido. Explóralo (sola o en compañía, ¡tú decides!) con una mirada curiosa y, al acabar, recoge en esta página las cosas que has visto y experimentado en la naturaleza.

Algo que me ha hecho sonreír:

_____

_____

Algo que olía genial:

_____

_____

Un espacio que me ha aportado calma:

_____

_____

Un sonido que me ha traído paz o me ha hecho disfrutar:

_____

_____

Doy gracias a la naturaleza por:

_____

_____

Para hacer florecer...

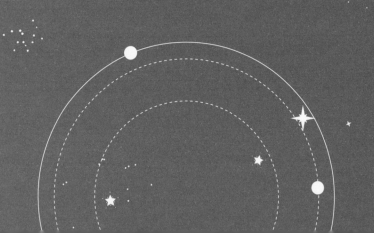

MES 7

Tu cuerpo

Bebe agua
Come bien
¡Muévete!
Date una ducha fría
Toma el sol

Tu mente

Lee un libro
Prueba un hobby nuevo
Rellena un diario
Deja el móvil de lado
Descansa

Tu alma

Ríe
Contempla un amanecer
Cuida de tus plantas
Agradece
Pasa tiempo en la naturaleza

TABLERO DE VISUALIZACIÓN

Foto

Foto

Foto

SEMANA 28 Del   al

Mis emociones 😄 🙂 😐 🙁 ☹️   Agua ⬭⬭⬭⬭⬭⬭

El tiempo ☁️ 🌧️ ◯   LUNA   L M X J V S D
                                    Fecha

Mis planes para esta semana:

_____

_____

_____

Afirmaciones para esta semana:

_____

_____

Cosas importantes:

_____

_____

Cosas buenas que espero con entusiasmo:

_____

_____

Plan de acción:

_____

_____

_____

_____

La voz de tu conciencia

Una manera de reconectar con nuestro verdadero yo y entender cómo pensamos y qué desencadena determinadas emociones en nosotras es a través de nuestro monólogo interior. Este ejercicio requiere dejar a un lado la autocrítica, las exigencias y los bucles de pensamiento; solo es realmente beneficioso cuando escribes sin pensar y permites que las palabras fluyan por sí solas, sean las que sean. Para aprovecharlo al máximo, nada más despertarte, apaga el móvil, evita todas las distracciones y retírate a un espacio tranquilo y en silencio. Después, lánzate a escribir lo que se te pase por la mente, sin juzgarte ni censuras. Y recuerda: la práctica hace al maestro.

Esta técnica te permitirá conectar con aquello que habita en lo más profundo de ti y revelará aquello que verdaderamente ansías y quieres atraer a tu vida.

SEMANA 29 Del   al

Mis emociones 😊 🙂 😐 🙁 😟   Agua ⬭⬭⬭⬭⬭⬭

El tiempo ☁ 🌧 ○   LUNA   L M X J V S D
                                    Fecha

Quiero manifestar:

1.

2.

3.

Para mí es importante:

Mis afirmaciones diarias para esta semana:

Visualizo lo que merezco:

Veo: Siento:

Mi plan de acción será: Para tener en cuenta:

¿Quién soy?

Este ejercicio te ofrece una oportunidad de parar, conectar más profundamente con tus sentimientos y seguir construyendo y nutriendo tu verdadero yo. En esta página recoge una descripción en tercera persona, como si fueras a hablar de ti a alguien que no te conoce todavía. Ábrete y comparte tu propia narrativa. Cuando acabes, déjala reposar y vuelve a leerla con una mirada atenta: tu propósito y tus anhelos más profundos se revelarán en estas palabras.

SEMANA 30 Del   al

Pido al universo:

Pensamientos limitantes de los que tengo que librarme:

Afirmaciones diarias que me repito esta semana:

Plan de acción:

Lista de tareas:

Visualizo:

Veo: Tengo:

Siento: Atraigo:

Más trabajo en la sombra

Soy perfectamente imperfecta.

¿Me digo cumplidos a menudo?

¿Celebro mis éxitos?

Tres cosas que me hacen sentir insegura:

¿Alguien o algo me ha hecho creer que mis inseguridades son ciertas? ¿O solo yo misma a través de mis pensamientos?

Gestiona tus inseguridades

¿Quién se ha aprovechado de mis inseguridades?

¿La opinión de alguien debería importar sobre lo que hago o dejo de hacer con mi cuerpo?

REPÍTETE

Soy perfecta tal como soy. Nadie tiene el poder de decidir sobre mi cuerpo más que yo misma. Mi cuerpo me sirve, en sus peores y en sus mejores momentos. Brillo cada día. Desprendo felicidad. Soy válida. Seguiré siendo yo misma cada día.

Afirmaciones de amor propio:

SEMANA 31 Del   al

Pido al universo:

_____

Pensamientos limitantes de los que tengo que librarme:

_____

Afirmaciones diarias que me repito esta semana:

_____

Plan de acción:

_____

_____

_____

_____

Lista de tareas:

_____

_____

_____

_____

Visualizo:

Veo: Tengo:

Siento: Atraigo:

108

En mi mente

¿Qué tengo en la mente ahora mismo? ¿Qué me preocupa en estos momentos?

¿Cómo puedo atajar o resolver aquellas cosas que me generan ruido o malestar mental?

¿Cómo puedo conseguir una mayor paz mental?

Tres cosas que me gustaría cambiar de mi mente:

Tres cosas que me gustan de mi mente:

Encuentra tu propósito

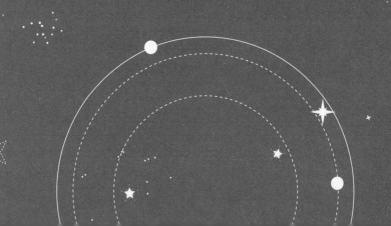

MES 8

LO QUE AMAS

PASIÓN

MISIÓN

LO QUE SE
TE DA BIEN

IKIGAI

LO QUE
EL MUNDO
NECESITA

PROFESIÓN

VOCACIÓN

POR LO QUE PUEDES
GANAR DINERO

TABLERO DE VISUALIZACIÓN

Foto

Foto

Foto

SEMANA 32 Del   al

Para no olvidar esta semana:

_____

Una frase motivacional que me acompañará esta semana:

_____

Lista de tareas:

_____

_____

Esta semana será especial por...

_____

_____

Completa este cuadro al final de la semana:

Tres cosas maravillosas que han pasado esta semana por las que estoy agradecida:

_____

_____

¿Podría haber hecho algo para que la semana fuese aún mejor? Sin culpa, simplemente con ánimo de seguir creciendo y mejorar.

_____

_____

Una lección aprendida:

_____

_____

Algunas de mis cosas favoritas

A veces, lo que nos hace felices de verdad son las pequeñas cosas en nuestro día a día. Tómate diez minutos para pensar en todas aquellas pequeñas cosas que has hecho esta semana y que te han hecho sentir feliz. Después, para y piensa detenidamente: ¿son cosas materiales? ¿Son cosas que puedes conseguir o experimentar fácilmente? ¿Qué te aportan? ¿Puedes compartirlas con otras personas?

SEMANA 33 Del   al

Mis emociones 😄 🙂 😐 🙁 ☹️   Agua ◇ ◇ ◇ ◇ ◇ ◇

El tiempo ☁️ 🌧️ ○   **LUNA**   L M X J V S D
                                        Fecha

Quiero manifestar:

1.

2.

3.

Para mí es importante:

Mis afirmaciones diarias para esta semana:

Visualizo lo que merezco:

Veo: Siento:

Mi plan de acción será: Para tener en cuenta:

Más autoestima

Tres cosas que se me dan bien:

Tres cosas que he hecho en mi vida de las que estoy orgullosa:

Tres cosas que quizá la gente no valora de mí lo suficiente, o que no encajan con los valores típicos de la sociedad, pero que estoy segura de que me hacen especial y estoy orgullosa de ellas:

¿Me trato con la misma amabilidad con la que trato a los demás? ¿Me digo cosas que jamás diría a una amiga? ¿Cómo puedo reformular el lenguaje que utilizo conmigo misma?

SEMANA 34 Del   al

Mis emociones 😄 🙂 😐 🙁 😞   Agua ⬯ ⬯ ⬯ ⬯ ⬯ ⬯

El tiempo ☁ 🌧 ○   LUNA L M X J V S D
                              Fecha

Mis planes para esta semana:

_____

_____

_____

Afirmaciones para esta semana:

_____

_____

Cosas importantes:

_____

_____

Cosas buenas que espero con entusiasmo:

_____

_____

Plan de acción:

_____

_____

_____

_____

Todas las cosas que nunca dije

¿Tienes algo pendiente por decir a algún ser querido, pero no te atreves? ¿Algún mensaje que necesitas plasmar por escrito para dejar de vivir anclada en el pasado? Las cosas que nos guardamos y no compartimos se quedan dentro de nosotros, por mucho que intentemos olvidarlas. Frustraciones, rabia, tristeza, malestar... Escribe en esta página aquello que nunca has sido capaz de compartir y sentirás como la carga se hace más ligera. Solo dejando ir lo que nos pesa podemos crear espacio para todo lo queremos atraer.

SEMANA 35 Del   al

Pido al universo:

_____

Pensamientos limitantes de los que tengo que librarme:

_____

Afirmaciones diarias que me repito esta semana:

_____

Plan de acción:

_____

_____

_____

_____

Lista de tareas:

_____

_____

_____

_____

Visualizo:

Veo: Tengo:

Siento: Atraigo:

Cultivar la abundancia: dar para recibir

Cuando damos de manera altruista recibimos mucho más de lo que creemos. La abundancia genera abundancia: nuestros actos y dedicación a los demás son una fuente de bienestar y plenitud. Tómate unos minutos para reflexionar sobre cinco cosas que hayas hecho desinteresadamente por los que te rodean durante esta semana.

1.

2.

3.

4.

5.

¿Cómo te has sentido haciéndolas?

¿Cómo crees que has hecho sentir a los demás al hacerlas?

¿Cómo crees que puede volver a ti esa energía y ayuda que has ofrecido?

SEMANA 36 Del   al

Mis emociones 😊 🙂 😐 🙁 😟   **Agua** ⬡⬡⬡⬡⬡⬡

El tiempo ☁️ 🌧️ ☀️   **LUNA**   L M X J V S D

Fecha

Quiero manifestar:

1.
2.
3.

Para mí es importante:

Mis afirmaciones diarias para esta semana:

Visualizo lo que merezco:

Veo: Siento:

Mi plan de acción será: Para tener en cuenta:

Hoy me siento...

Al final de cada día, dedica un momento a pensar en cuáles de las siguientes palabras definen mejor tu estado de ánimo y, después, colorea cada una de las secciones utilizando los colores que les hayas asignado. Adquirir conciencia de ello te ayudará a conocerte mejor, a entender por qué te sientes como te sientes y a trabajar para mejorar tu estado de ánimo general y acercarte a esa abundancia que tanto deseas.

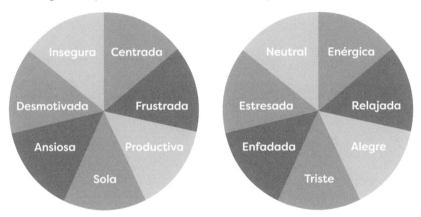

Al final de la semana, contesta a las siguientes preguntas:

¿Me sorprende el resultado? ◯ Sí ◯ No

¿Me gustaría cambiar algo de lo que he sentido esta semana? ◯ Sí ◯ No

En el caso de que hayan predominado las emociones y sensaciones negativas, ¿qué está en mi mano para hacer que la semana siguiente sea mejor?

_____

_____

_____

Señales de que estás sanando

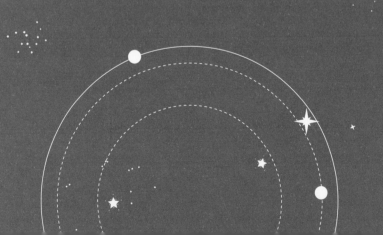

ROMPO VIEJOS PATRONES

GESTIONO MIS EMOCIONES

ME VALIDO A MÍ MISMA

SOY CAPAZ DE PERDONARME

PONGO Y MANTENGO LÍMITES

ACEPTO AYUDA SI LA NECESITO

TABLERO DE VISUALIZACIÓN

Foto

Foto

Foto

SEMANA 37 Del   al

Mis emociones 😄 🙂 😐 🙁 ☹️   Agua ⬡ ⬡ ⬡ ⬡ ⬡ ⬡

El tiempo ☁️ 🌧️ ◯   **LUNA**   L M X J V S D
                                    Fecha

Quiero manifestar:

1.
2.
3.

Para mí es importante:

Mis afirmaciones diarias para esta semana:

Visualizo lo que merezco:

Veo: Siento:

Mi plan de acción será: Para tener en cuenta:

Resetea tu día

Tal vez sientas que tu día no ha empezado de la mejor manera posible. Pero no des un día por perdido solo porque no empezó de la manera en que esperabas. Aquí tienes algunos consejos para resetear tu día y conseguir vivirlo de la mejor manera posible. Añade a la lista lo que creas que a ti te puede funcionar y así lo tendrás a mano cuando lo necesites.

* Bebe agua.
* Cambia las sábanas.
* Limpia tu habitación: si encuentras alguna prenda u objeto que ya no te sirve, deshazte de él.
* Date una ducha a conciencia: lávate el pelo, exfóliate, lávate con algún jabón aromático que te haga sentir bien y, después, hidrátate bien la piel.
* Prepara algo sano y casero para comer. Intenta evitar los procesados y comer solamente cosas que te alimenten el cuerpo y el alma. Si tienes un día malo, es posible que te apetezca picar cosas poco saludables, pero si lo evitas, seguro que después tu cuerpo lo agradecerá.
* Limpia tu móvil: deshazte de esas notificaciones que te abruman, responde mensajes, sácate cosas de encima. Borra fotos y mensajes que te molesten.
* Planea la semana.
* Practica yoga o meditación.
* Acuéstate pronto.

*
*
*
*
*
*

SEMANA 38 Del   al

Pido al universo:

___

Pensamientos limitantes de los que tengo que librarme:

___

Afirmaciones diarias que me repito esta semana:

___

Plan de acción:

___

___

___

Lista de tareas:

___

___

___

___

Visualizo:

Veo: Tengo:

Siento: Atraigo:

Hoy me siento...

En un mundo tan frenético, es normal que a veces no tengas ganas de hacer nada. Una de las claves para atraer abundancia es encontrar espacios para hacer cosas que te dan miedo o no sueles incluir en tu día a día y sentir que avanzas. Con este fácil reto de siete días descubrirás que no hay nada malo en arriesgarse a probar cosas nuevas y, con la práctica, atraerás prosperidad, oportunidades y abundancia. Empieza poco a poco y, al final de la semana, proponte nuevas maneras de salir de tu zona de confort. ¡El límite lo pones tú!

Día 1. Escríbete un mensaje amable.

Día 2. Deshazte de algo que ya no te aporte felicidad. ¿Qué ha sido? ¿Cómo te has sentido al dejarlo atrás?

Día 3. Prueba algo nuevo. ¿Qué ha sido? ¿Cómo te has sentido?

Día 4. Haz algo que te dé miedo. ¿Qué ha sido? ¿Cómo te has sentido?

Día 5. Dedica una hora a trabajar en un proyecto u objetivo a largo plazo. ¿Qué ha sido? ¿Cómo te has sentido?

Día 6. Medita durante diez minutos. Al acabar, escribe aquí lo primero que te pase por la mente.

Día 7. Baila durante media hora como si nadie te viera. ¿Cómo te sientes al acabar?

SEMANA 39 Del   al

Pido al universo:

_____

Pensamientos limitantes de los que tengo que librarme:

_____

Afirmaciones diarias que me repito esta semana:

_____

Plan de acción:

_____

_____

_____

_____

Lista de tareas:

_____

_____

_____

_____

Visualizo:

Veo: Tengo:

Siento: Atraigo:

Dibuja tu línea de vida

Traza una línea desde tu infancia hasta el día de hoy y coloca en orden cronológico aquellos momentos que te han marcado por su importancia (desde una mudanza hasta conocer a una nueva amistad o pareja, o el fallecimiento de un familiar). Tómate tu tiempo: este ejercicio requiere mucha concentración y reflexión, pero, con él, explorarás tus emociones a lo largo de tu historia y cómo te sientes ahora de cara a trabajar tu futuro.

Infancia

Vivencias ⟶ Qué sentí

Presente

SEMANA 40 Del   al

Mis emociones 😄 🙂 😐 🙁 😞   Agua ⬦ ⬦ ⬦ ⬦ ⬦ ⬦

El tiempo ☁ 🌧 ○   LUNA   L M X J V S D
                                  Fecha

Mis planes para esta semana:

_____
_____
_____

Afirmaciones para esta semana:

_____
_____

Cosas importantes:

_____
_____

Cosas buenas que espero con entusiasmo:

_____
_____

Plan de acción:

_____
_____
_____
_____

Crea tu propio mantra vital

Lo que nos decimos y cómo nos lo decimos tiene un impacto sobre nuestra manera de ver y hacer las cosas. Por ello, te proponemos que trabajes en construir tu propio mantra: una frase simple que tenga un significado especial, conecte con tus deseos más profundos y te aporte calma y paz. En lugar de escribir «Quiero...», cambia tu manera de pensar y usa la palabra «Soy...». Escríbelo tantas veces como puedas y, cuando sientas que pierdes el rumbo, vuelve a esta página, lee y respira.

1.

2.

3.

4.

5.

6.

7.

8.

9.

10.

No te sientas sientas culpable por:

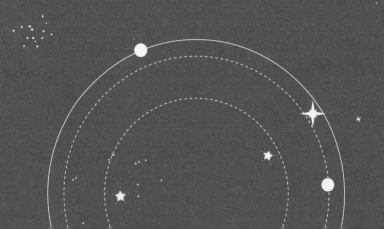

MES 10

No contestar al teléfono

Irte de donde no te sientes querido

Dejar un trabajo que te hace infeliz

Decir "no"

Tus sueños

Gastar dinero en algo que te apetece

Estar menos presente cuando lo necesitas

Echar de tu vida a alguien que no te hace bien

TABLERO DE VISUALIZACIÓN

Foto

Foto

Foto

SEMANA 41 Del   al

Mis emociones 😄 🙂 😐 🙁 😢   Agua ⬭ ⬭ ⬭ ⬭ ⬭ ⬭

El tiempo ☁ 🌧 ⬭   **LUNA** L M X J V S D
                                Fecha

Quiero manifestar:

1.

2.

3.

Para mí es importante:

Mis afirmaciones diarias para esta semana:

Visualizo lo que merezco:

Veo: Siento:

Mi plan de acción será: Para tener en cuenta:

Da las gracias a tu tribu

Cada persona que se cruza en nuestra vida nos ofrece la oportunidad de un aprendizaje. Piensa en las personas queridas que te rodean (amigos, familia, pareja) y selecciona a diez de ellas. Después, piensa en algo que te hayan enseñado y dales las gracias de corazón.

SEMANA 42 Del   al

Para no olvidar esta semana:

_____

Una frase motivacional que me acompañará esta semana:

_____

Lista de tareas:

_____

_____

Esta semana será especial por...

_____

_____

Completa este cuadro al final de la semana:

Tres cosas maravillosas que han pasado esta semana por las que estoy agradecida:

_____

_____

¿Podría haber hecho algo para que la semana fuese aún mejor? Sin culpa, simplemente con ánimo de seguir creciendo y mejorar.

_____

_____

Una lección aprendida:

_____

_____

Productividad

¿Qué tarea has estado retrasando y puedes llevar a cabo hoy mismo?

Piensa en un objetivo a medio-largo plazo. ¿Cómo podrías dividirlo en tareas más pequeñas que puedas ir ejecutando día a día?

Piensa en tres cosas que puedas hacer hoy mismo o esta semana.

1.

2.

3.

¿Qué distracción o distracciones deberías eliminar para conseguir ser más productiva?

¿Cómo puedes motivarte para llevar a cabo las tareas que tienes pendientes? Piensa en alguna manera de premiarte por ello.

¿Qué te haría sentir que has sido productiva? ¿Has sido objetiva con tus metas? ¿Estás siendo demasiado autoexigente? Valora el trabajo realizado y el esfuerzo de cada día.

SEMANA 43 Del   al

Pido al universo:

Pensamientos limitantes de los que tengo que librarme:

Afirmaciones diarias que me repito esta semana:

Plan de acción:

Lista de tareas:

Visualizo:

Veo: Tengo:

Siento: Atraigo:

Acaba con el autosabotaje

¿En qué ámbitos te relegas a ti misma al último lugar en la lista de prioridades?

¿Crees que eres fiel a tus propios principios? ¿Vives de acuerdo con tus normas o con las de los demás?

¿Buscas seguridad o aventura?

¿Sientes que tienes el control de tu vida?

¿Cómo proteges tu entorno y a ti misma?

¿Ves el vaso medio lleno o medio vacío?

SEMANA 44 Del   al

Mis emociones 😄 🙂 😐 🙁 😢   Agua ⬡ ⬡ ⬡ ⬡ ⬡ ⬡

El tiempo ☁ 🌧 ○   LUNA   L M X J V S D
                                Fecha

Mis planes para esta semana:

_____

_____

_____

Afirmaciones para esta semana:

_____

_____

Cosas importantes:

_____

_____

Cosas buenas que espero con entusiasmo:

_____

_____

Plan de acción:

_____

_____

_____

_____

Trabaja la creatividad

¿En qué momento o momentos te sientes más feliz?

Describe un lugar que te haga feliz. ¿Cómo es? ¿Qué sientes cuando estás allí?

¿Qué te inspira? ¿Cuál dirías que es tu mayor fuente de inspiración?

Piensa algunas canciones, películas, libros, series, cuadros o piezas artísticas en general que te inspiren. ¿Por qué? ¿Qué te transmiten y te hacen sentir?

¿Qué significa para ti la creatividad?

¿De qué manera te gustaría poder expresarte?

¿Qué actividades o momentos te hacen sentir más inspirada?

¿Un hobby que quieras empezar a practicar?

No olvides tus cuatro casas

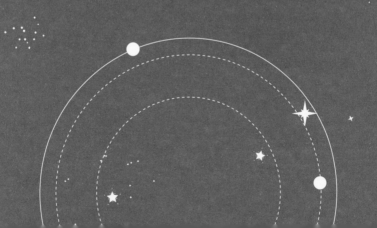

MES 11

Tu cuerpo

La tierra

Tu mente

Tus amigos
y familia

¡Cuídalas todas!

TABLERO DE VISUALIZACIÓN

Foto

Foto

Foto

SEMANA 45 Del   al

Pido al universo:

_____

Pensamientos limitantes de los que tengo que librarme:

_____

Afirmaciones diarias que me repito esta semana:

_____

Plan de acción:

_____
_____
_____
_____

Lista de tareas:

_____
_____
_____
_____

Visualizo:

Veo: Tengo:

Siento: Atraigo:

El síndrome de la chica afortunada

Tres cosas buenas que te han pasado esta semana.

¿Cómo te hicieron sentir? Disfruta sintiéndote afortunada.

Tres motivos por los que estás agradecida por tu trabajo o estudios.

¿Qué te motiva de tu trabajo o de tus estudios? ¿Qué te hace sentirte realizada? Recréate en el sentimiento de sentirte buena y valorada.

Escribe tres cosas que valores de tu familia, amigos, pareja o mascotas.

Eres una chica con suerte. Da las gracias por todas esas cosas buenas que te hacen sentir tus seres queridos.

Incluso en situaciones negativas, podemos intentar cambiar nuestro punto de vista. Piensa en un revés reciente y plantéate:
¿Qué mentalidad adoptas? ¿Victimista o empoderadora?

¿Qué aprendizajes extraes?

SEMANA 46 Del   al

Para no olvidar esta semana:

Una frase motivacional que me acompañará esta semana:

Lista de tareas:

Esta semana será especial por...

Completa este cuadro al final de la semana:

Tres cosas maravillosas que han pasado esta semana por las que estoy agradecida:

¿Podría haber hecho algo para que la semana fuese aún mejor? Sin culpa, simplemente con ánimo de seguir creciendo y mejorar.

Una lección aprendida:

Conecta con tu yo superior

Para poder manifestar la mejor versión de ti misma, es importante descubrir cuáles son las cosas que representan a esa versión de ti mejorada o «yo superior». Para reflexionar sobre ellas, pregúntate «¿Qué creencias o pensamientos tiene mi mejor versión?», «¿Qué objetivos tiene mi mejor versión?». Toma los elementos de la lista como punto de partida y añade los que eches en falta. Ten las conclusiones que saques siempre en mente y dalas por supuestas: *todo lo que necesitas lo llevas contigo.*

* Creencias o pensamientos:
* Objetivos:
* Sueños:
* Límites:
* Hábitos:
* Rutina de autocuidado:
* Hobbies:
* Trabajo:
* Ropa:
* Perfume:
* Maquillaje:
* Estilo:
* Manicura:
* Corte de pelo:
* Rutina de entrenamiento:
* Familia y amigos:
* Pareja:
* Mascotas:
* Nutrición:
* Horarios de sueño:
* Objetos preciados:
* Vacaciones:
* Energías o vibraciones que transmite:
* Estilo de vida:
* Cosas favoritas:

SEMANA 47 Del   al

Mis emociones 😄 🙂 😐 🙁 ☹️   Agua ⬦ ⬦ ⬦ ⬦ ⬦ ⬦

El tiempo ☁ 🌧 ○   **LUNA** L M X J V S D
Fecha

Quiero manifestar:

1.

2.

3.

Para mí es importante:

Mis afirmaciones diarias para esta semana:

Visualizo lo que merezco:

Veo: Siento:

Mi plan de acción será: Para tener en cuenta:

Relaciones

Estas preguntas te servirán para reflexionar tanto si tienes pareja como si no. Nota: «Pareja ideal» no significa 'pareja idealizada'. Este ejercicio te ayudará a descubrir cuáles son tus mínimos exigibles en una relación y a reflexionar cómo te sientes o cómo te gustaría sentirte en la idea de relación que buscas y mereces.

¿Cómo te sientes cuando estás junto a tu pareja ideal?

¿Qué partes de ti afloran cuando estás con tu pareja ideal?

¿Cómo es y cómo sientes la comunicación con tu pareja ideal?

¿Cómo se comporta tu pareja ideal cuando tienes un mal día o estás pasando un mal momento?

¿Qué cosas crees que necesitas trabajar o cambiar de ti o de tu situación actual para alcanzar la relación ideal que has descrito más arriba?

SEMANA 48 Del   al

Pido al universo:

_____

Pensamientos limitantes de los que tengo que librarme:

_____

Afirmaciones diarias que me repito esta semana:

_____

Plan de acción:

_____
_____
_____
_____

Lista de tareas:

_____
_____
_____
_____

Visualizo:

Veo: Tengo:

Siento: Atraigo:

Descubre tus deseos más profundos

Deja de lado tus responsabilidades, etiquetas, títulos académicos o laborales. Sin tener nada de eso en cuenta, ¿qué esperas de la vida?

Haz una lista de las actividades de tu vida que te llenan de alegría y te hacen sentir feliz y realizada.

1.

2.

3.

4.

5.

¿Puedes incluir en tu rutina al menos una de las cosas de la lista anterior como una prioridad de cada día?

Quizá a veces ves algo que te llena de alegría como una obligación y te desgasta. ¿Crees que podrías darle la vuelta a ese pensamiento y valorarlo más cada día?

Estamos aquí para...

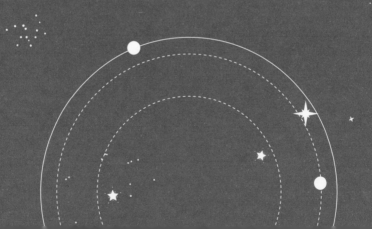

MES 12

Fallar y volver a
intentarlo

Aprender

Experimentar

Conectar

Sentir

Enseñar

Conocernos

Crear

Amar

Ayudar

Ser

TABLERO DE VISUALIZACIÓN

Foto

Foto

Foto

SEMANA 49 Del   al

Pido al universo:

_____

Pensamientos limitantes de los que tengo que librarme:

_____

Afirmaciones diarias que me repito esta semana:

_____

Plan de acción:

_____

_____

_____

_____

Lista de tareas:

_____

_____

_____

_____

Visualizo:

Veo: Tengo:

Siento: Atraigo:

Más trabajo en la sombra

¿Cuál es la mentira que más te repites a ti misma?

¿Con qué o por qué te juzgas con más dureza?

¿Cuándo te has sentido traicionada? ¿Qué dirías a la persona que traicionó tu confianza?

¿Cuál es el rasgo que ves en los demás y te gustaría tener tú también?

¿Qué rasgos de la personalidad tienen tus padres que a ti NO te gustaría tener?

¿Cuáles son tus rasgos más tóxicos y cómo afectan a tus relaciones?

¿Cuándo fue la última vez que te perdonaste?

Para ti, ¿cuál es la definición de ser feliz?

¿En qué mides tu éxito o tu fracaso?

Una manera en la que podrías ser más amable contigo misma.

SEMANA 50 Del   al

Para no olvidar esta semana:

_____

Una frase motivacional que me acompañará esta semana:

_____

Lista de tareas:

_____

_____

Esta semana será especial por...

_____

_____

Completa este cuadro al final de la semana:

Tres cosas maravillosas que han pasado esta semana por las que estoy agradecida:

_____

_____

_____

¿Podría haber hecho algo para que la semana fuese aún mejor? Sin culpa, simplemente con ánimo de seguir creciendo y mejorar.

_____

_____

Una lección aprendida:

_____

_____

_____

Exprésate sin miedo

Cómo explicar algo que te hizo daño:

«Me he sentido [emoción] _____después de [situación] _____. De aquí en adelante, me gustaría [alternativa] _____».

Utiliza un lenguaje asertivo y evita formular la frase culpando directamente a la otra persona («Tú me hiciste sentir X»). Por ejemplo:

«Me gustaría hablar de lo que pasó cuando [situación] _____ _____ para poder buscar una solución / alternativa».

Intenta, en la medida de lo posible, tener las conversaciones importantes cara a cara y evitar los mensajes o las redes sociales, ya que pueden dar lugar a malentendidos innecesarios. Procura, también, encontrar un momento adecuado para llevar a cabo la conversación.

Algunos consejos
* Escucha.
* Exprésate.
* Cuida tus palabras, sé empática. Lo que decimos ya no se puede desdecir.
* No des cosas por supuestas. Si tienes dudas sobre algo, pregunta abiertamente.
* Pon límites si lo necesitas. Si sientes que te abruman las emociones y no puedes seguir con la conversación, para. Ya la retomaréis en otro momento. Si tienes la impresión de que la otra persona te está hablando de una manera poco adecuada, no dudes en poner límites. No debemos quedarnos callados para evitar dañar un vínculo. Toda relación sana necesita límites.

Ahora, prueba a escribir esa conversación que tienes pendiente. ¿Cómo te expresarías y qué dirías teniendo en cuenta lo aprendido?

SEMANA 51 Del

al

| Mis emociones | 😄 🙂 😐 🙁 ☹️ | Agua | ⬦ ⬦ ⬦ ⬦ ⬦ ⬦ |
| El tiempo | ☁️ 🌧️ ⚪ | LUNA | L M X J V S D Fecha |

Quiero manifestar:

1.

2.

3.

Para mí es importante:

Mis afirmaciones diarias para esta semana:

Visualizo lo que merezco:

Veo: Siento:

Mi plan de acción será: Para tener en cuenta:

Arteterapia

La arteterapia puede servirte para salir de algunos bloqueos mentales.
Aquí van algunos consejos:

**Si estás cansada,
dibuja flores.**

**Si estás enfadada,
dibuja líneas.**

**Si estás triste,
dibuja un arcoíris.**

**Si estás bloqueada,
dibuja espirales.**

**Si necesitas concentrarte en tus
pensamientos, dibuja puntos.**

**Si te falta esperanza,
dibuja caminos.**

SEMANA 52 Del   al

Mis emociones ☺ ☺ ☺ ☹ ☹   Agua ◇ ◇ ◇ ◇ ◇ ◇

El tiempo ☁ ☁ ○   LUNA   L M X J V S D
                               Fecha

Mis planes para esta semana:

_____

_____

_____

Afirmaciones para esta semana:

_____

_____

Cosas importantes:

_____

_____

Cosas buenas que espero con entusiasmo:

_____

_____

Plan de acción:

_____

_____

_____

_____

Da las gracias al año que acaba

El universo conspira a tu favor. Los regalos que te ofrece no tienen límite. Ahora que has llegado al final de este diario, haz balance de todo lo vivido a lo largo de estas 52 semanas, reflexiona sobre las experiencias que te ha brindado este año (tanto las buenas como las no tan buenas) y escribe una carta de agradecimiento. Al dar las gracias al universo, abrirás la puerta a una multitud de oportunidades. ¿Estás lista para vivir esta nueva aventura?

Querido universo:

Aplica esto en lo que quieras...

Lo necesito

Acéptalo   Agradécelo

No
me hace   Me hace
feliz   feliz

Déjalo ir   Disfrútalo

No lo
necesito

El universo tiene tres respuestas:

Sí.

Todavía
no.

Tengo algo
mejor para
ti.

Notas: